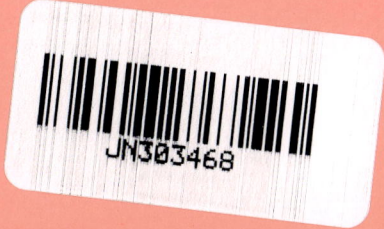

つまずき解消！
学級づくり上達法

ことばがけと対応で変わる
指導のヒント

奥田靖二
【編著】

いかだ社

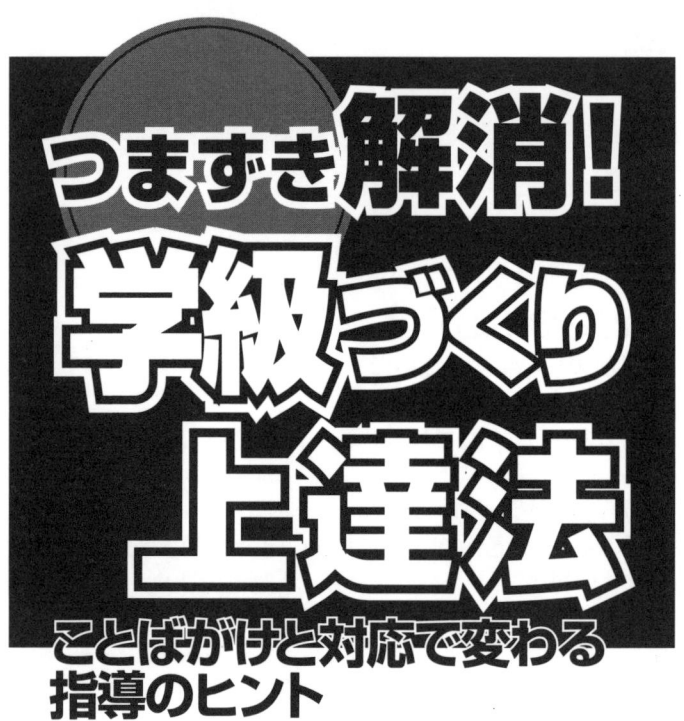

目次

はじめに　5

子どもの生活態度
毎日が楽しい学級のために

●朝の会から何だかざわついて、１日の始まりが落ち着きません。………10
●忘れものが多い子がいます。………12
●机の整とんが苦手でいつもゴチャゴチャしている子がいます。………14
●乱暴ですぐケンカを始めてしまう子がいます。………16
●トラブルがあるとすぐいじけてしまう子がいます。………18
●うちの子はいじめられている、と親から言われました。………20
●いたずらをしても、すぐウソを言って逃れたりする子がいます。………22
●暴力を叱っても反省せず、聞く耳をもたない子がいます。………24
●すぐ学校を休む子、かなり長期に不登校の子がいます。………26
●「万引き」をしてしまった子がいます。………28
●「セクハラ」と誤解を受けないために。………30

【COLUMN 1】朝勉強の例………32
【COLUMN 2】ケンカ仲裁のエピソード………33
【COLUMN 3】心を閉ざす子＝ユリさん………34
【COLUMN 4】いじめ克服の授業を………35
【COLUMN 5】不登校の子の家庭との交換ノート………36
【COLUMN 6】心を閉ざした和也くんと………37

授業と学習習慣
みんながわかる授業のために

●子どもたちのおしゃべりがいっこうにおさまりません。
………38
●授業に集中せず、手遊びをしている子がいます。………40
●ノートがきちんと書けず、落書きでいっぱいの子がいます。
………42
●授業中に当てても答えず、ほとんど口をきかない子がいます。
………44
●発表や発言が苦手な子がいます。………46
●すぐ「わかんない」と言い、学習に対する意欲を持たない子がいます。………48
●授業に対する反応や意欲が感じられない子がいます。
………50
●学習に追いつけない子やほとんど授業に参加できない子がいます。………52
●宿題を出すか出さないか、保護者の意見も分かれます。
………54

【COLUMN 7】教師自身がていねいな字を………56
【COLUMN 8】勉強のやり方のヒント………57

保護者と共に
信頼を築くために

●忙しくて「学級だより」を発行するのが大変です。………58
●保護者会の出席者がだんだん少なくなってきました。
………60
●保護者が担任に不満や不安を持っているのではと心配です。
………62
●親からクレームがありました。どうしたら？………64
●参観日がふだんと違う様子になってしまいます。………66

【COLUMN 9】保護者会の資料として………68
【COLUMN 10】教師批判の父親と………69

行事と教師の仕事
生き生きと取り組むために

●行事に追われて、「行事をこなす」感じになってしまいます。
………70
●図工は苦手ですが展覧会に取り組む際のポイントは？
………72
●学芸会でたくさんの子どもたちにどのように指導したら？
………74
●授業以外の事務処理や報告文書などに忙殺されてしまいます。
………76
●急に休まなければならない時、代替の先生に頼むのは？
………78
●「子どもをつかむ」「心を通わせる」方策は？………80
●学級づくりの悩みに同僚や管理職の協力が期待できません。
………82

【COLUMN 11】創作劇や作品に取り組む………84
【COLUMN 12】子どもたちは不思議大好き マジックの例………85
【COLUMN 13】まちがい・失敗に励ましで対処する………86
【COLUMN 14】気分転換法あれこれ………87

学級づくりの基本的アドバイス
「おわりに」にかえて　88

はじめに

「静かにしなさい!!
何度言ったらわかるんですか!!」

日ごろ教室で騒がしくしている子どもたちに対して、ついこんな大声をあげてはいないでしょうか。こんな時、むしろよけいに騒がしくしてしまうことがありますよね。

さあ、こういう場合、どうしたらサッと静かに先生の話に集中してくれるのでしょうか。

世代交代のはざまで

団塊の世代と呼ばれるベテラン教師たちがいっせいに退職の時期を迎える一方で、若い教師のみなさんが増えています。経験を伝えるべき世代が減ることにより、初めて直面する事柄に若い教師たちが適切に対応できず、お手上げ状態になった学校がいくつもあります。同時に、若い教師のみならず、力のあるベテラン教師ですら「もうやってられない」と、定年を待たずに退職してしまうケースもたくさん起きているようです。

指導者側が「やってられない」と投げ出してしまったら、子どもたちが「やっていける」はずもありません。むしろ一番大変なのは、学校・教室の主人公である子どもたちの方でしょう。このような現代の厳しい教育現場で、私たち教師はどうしたらいいのでしょうか。

①よくわかり、勉強がすすむ――つまり子どもたちが日々伸びていける授業が積み上がっていく。
②クラスの子どもたちが力を合わせ、仲良く楽しく過ごせる関係を持っている。
③クラスに明るく楽しい雰囲気がある――毎日子どもたちの歌声や笑い声があふれているような学級になっている。

担当するクラスがこんな学級であれば、教師自身も毎日の学校生活を活気に満ちた気持ちで送れ、「教師って良い仕事だなあ」と心から思えるでしょう。
そんな学級づくりのための手だて・ノウハウというものはあるのでしょうか。

ダメな方法で子どもたちに対応してはいませんか？

先にあげた①～③のクラスが「理想の夢」としか思えない学級の実態があるとしたら。実現するのは困難だと感じる実態があるとしたら。それは案外、「その対応方法では、かえって子どもたちに有効ではないのでは？」という対応を、ついやってしまっている学級ではないでしょうか。
この本では、その効果的ではないダメな方のつまずきの例から見て、逆説的によい対処法＝つまずき解消法を探ってみようと思います。
　さまざまな例からつまずきを見ることによって、ひとつひとつ学級の様子を点検し、子どもたちが明るく伸び伸びと、仲良く、しかも学習の効果もぐんぐんついていくような、そして「楽しくなければ学校じゃない」と呼べるような学校・学級づくりに役立てていただきたいと思います。

ドキドキがワクワクに変わる学級

　私が1年生を担任した年のことです。入学式から１週間ほどして、由佳ちゃんという教え子のお母さんにばったり道でお会いしました。その時お母さんから「毎日楽しく学校に通っています。由佳は『学校がドキドキからワクワクになった』と申しておりました」と言っていただいて、大変嬉しい思いをした経験があります。
　子どもたちにとって１日の多くの時間を過ごす学校や学級が、楽しくワクワクする場所になり、毎朝スキップを踏んで笑顔で通えるところにするために、「学級づくり」という仕事を通してつくりあげていきましょう。

樹の幹をしっかりと立てる

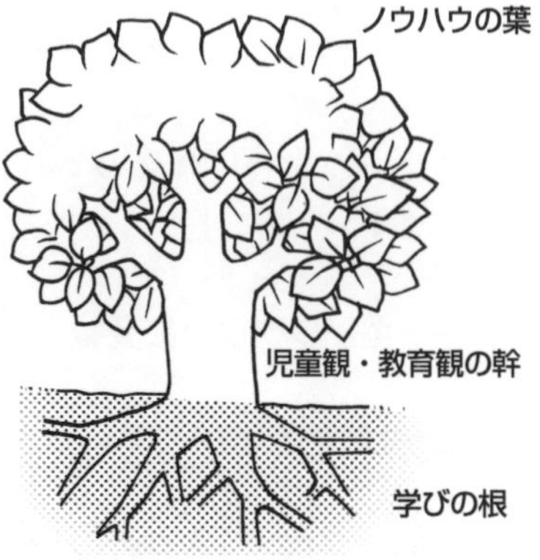

私は常々、学級づくりも授業づくりも「教育の樹」という絵を使って確認したり、先生たちにお話ししたりしています。

教育の樹とは、右の図にあるように３つの要素から成り立っています。

１つ目は、どのように子どもに対応するかというノウハウの葉をたくさんつけること。

２つ目は、広く深い学びの根を持って、常に教師自身が学ぶ姿勢を忘れないこと。

３つ目は、ど真ん中にどっしりとした幹を持つこと。幹とは、子どもをどう観るか、教育・教師という仕事とはどういうものなのか、という児童観・教育観をしっかり持つということです。

児童観・教育観って？

みなさんは多かれ少なかれ「子どもが好き」「教育という仕事がしたい」との思いを持って教師になったはずです。しかし現実の仕事の中で、好きだったはずの子どもたちに手を焼くあまり逆に憎たらしく思えてしまったり、「かわいいなんてとうてい……」と、毎日悩ませてくれる子どもの顔を思い浮かべてタメ息をつく――こんなことにはなっていないでしょうか。

児童観や教育観といっても、具体的にどういうことを指すのでしょうか。「しっかりした児童観」や「正しい教育観」のようなものってあるのでしょうか。

それは、手短に言うならば、子どもたちの目線に立ち、子どもたちと共に伸び、成長していけることを喜びあえる教師であること、です。この視点から、子どもをどう観るか、教師という仕事とは何かを考えていくことなのです。

愛という字は何と書く

スイスの教育実践家ペスタロッチ(1746〜1827年)は、「子どもを愛情と信頼によって育てる、この事こそ最も確かで効果的な教育法である」と述べています。

よく見ると、愛という字は「受」という字の中に「心」が入っていて「ノ (の)」がついています。これを「受けとめて、心をこめて、ノをつけて」と読んでみましょう。最後の「ノ (の)」とは「どうしたの」の「の」、「そうなの」の「の」です。子どもへの接し方のまず基本となる対応法というわけです。

例えばいたずらをした子に対して、いきなり「もうっ、そんな事やってはいけません！」と対応するのはダメな対応法なのです。

では、たくさんの事例を見ていくことにしましょう。

朝の会から何だかざわついて、1日の始まりが落ち着きません。

こんな対応をしていませんか？

●はい、静かに！　みんな席について！
●ほら、○○くん！△△さん！
●今日の日直さんだーれ。朝の会はどうしたの!?

朝からどうして落ち着かないのか

①朝の教室での過ごし方を、きちんと取り決めているか。
②係の子どもたちが曜日によって決まっているか。決まっていなかったり、あいまいになったりしていないか。

こうした準備（朝学習も）を日々点検しておく必要があります。

こうしてみると……

①「1日の過ごし方」「朝の会の進め方」を曜日別に箇条書きにして壁に貼っておきます。
②日直や朝勉強係の子どもたちのやることを指示しておきます。

●曜日ごとにやることを決める●

全校朝会などは別にして、クラスでの「朝の会のすすめ方」について、例えば下のように基本パターンを決めておくとよいでしょう。

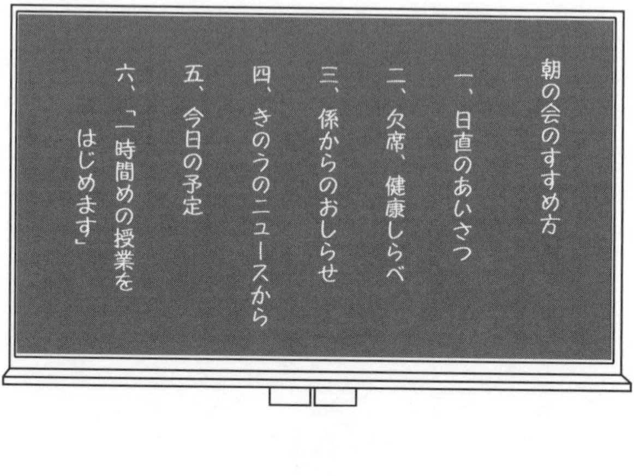
朝の会のすすめ方
一、日直のあいさつ
二、欠席、健康しらべ
三、係からのおしらせ
四、きのうのニュースから
五、今日の予定
六、「一時間めの授業を
はじめます」

ほらほら日直さんは？
授業はじめるわよ

健康しらべをします ○○君元気ですか
ハイ

忘れものが多い子がいます。

こんな対応をしていませんか？

●忘れものの「星取り表グラフ」などを貼り出している。
●おや、また忘れものをしたのか！
●○○さんが忘れものなんて珍しいね。

どうして忘れものが多いのか

遠足の日におやつやお弁当を忘れる子はいませんね。その日に何が必要なのか曖昧だったり、やることがわかっていなかったり。そしてそれに興味・関心を持てないことが原因です。これは大人でも一緒です。

また、上に書いた教師の言葉は、忘れものをよくする子よりも、逆にめったにしない「良い子」の方にダメージを与えてしまいます。

こうしてみると……

①明日用意するものをあらかじめ学級だよりなどで示しておく。
②帰りぎわに確認する。
③学級係の子に帰りの会で言ってもらう。

などを習慣づけます。何より子どもたちが学ぶことに楽しさを感じ期待を持つこと、「面白そう。忘れたら損だ」と思えることが大事です。

また、筆記用具・文具類は予備を用意しておいて、貸し与えられるようにしておくことも必要でしょう。

●学ぶことへの期待感が大事●

今日学んだことの確認と明日学ぶことへの期待感を持ってもらうことが大切です。

「きみたち、今日勉強した2つのことは昨日まで知らなかったんだよね。進歩したんだよ！　だから、こうして毎日学校へ来ているんだよね」

忘れもの対策の一番はこの期待感です。

忘れもの
チャンピオン
だ〜い！
わすれものグラフ
松井 原田 中井 田中 鈴木 加藤 江原 井上
一回×が
ついちゃった
○○君
またかい？
○○ちゃんは
めずらしいね

昨日わからなかったことが今日わかり、今日わからない
ことが明日わかるようになるかもしれない。
すばらしい
ことだね
明日は牛乳パックで
おもしろい実験を
やるよ！
何か
なあ？

机の整とんが苦手でいつもゴチャゴチャしている子がいます。

こんな対応をしていませんか？

- 子どもたち任せで、机の中の整理状況を放置している。
- 「ちゃんと整理しなさい」と、具体的でない指示のみになっている。

なぜ整理ができないのか

「忘れもの」と同様に、学習に対する目的意識が少なく、次は何をするのかがその場限りになっている場合が多く見られます。基本的生活習慣においても、起床―洗面―トイレ―朝食―持ちもの点検といった、生活基本パターンが毎日はっきりしていない子どもに整理苦手が多いようです。

こうしてみると……

「１日のすごし方」の円グラフや帯グラフをつくり、「学習の用意」「身のまわりの整理」の項目も意識させるようにします。持ちもの点検や整とん調べも週１回くらいは行い、具体的に整理のやり方を教える場面をつくりましょう。もちろん先生自身の机や資料の整理も「お手本として」心がけてください。

●整理のしかたを教える●

明日の準備や整理のしかたを教えましょう。カバンや体育袋などの収納法、教室に常備している本や文具の定位置を示す標示、提出物の箱など。先生がお手本になって示しましょう。

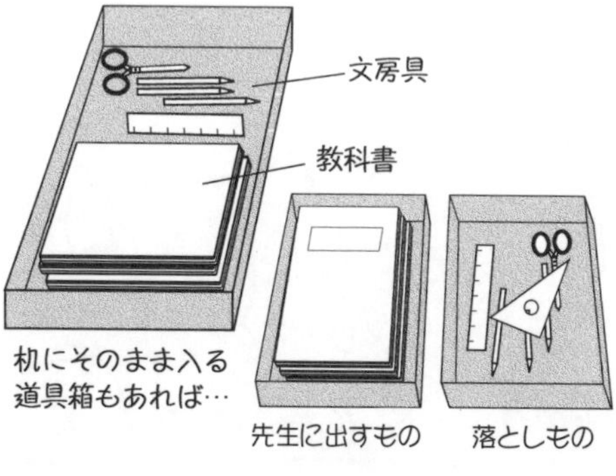

なに
これ～!?

教科書と
ノートはこちら
文房具は
こちら
うしろの
たなは…
先生にだすもの
おとしもの

乱暴ですぐケンカを始めてしまう子がいます。

こんな対応をしていませんか？

●やめなさい、2人とも！　暴力はいけません！
●おうちに連絡しますよ！
●どうしてたたいたりするの!?

なぜ、すぐにケンカをしてしまうのか

①既に家からストレスを溜めこんで登校している。
②自分本位で「がまん」の習慣が育っていない。
などが考えられます。「どうして」「ケンカはだめ」と追及しても、直接の原因すらもうどうでもよくなっている場合もあって、あまり有効ではありません。

こうしてみると……

ケンカは直接のきっかけとなる事柄よりも溜まっていたストレスが引き金になって爆発するケースも多いので、元々の原因まで考えてあげる必要があります。「そうなの」「だから腹が立ったんだね」と受け止め、別室などに座らせて落ち着いた状態で説諭するのが効果的です。自分の子ども時代の経験も話すと、よく聞いてくれます。

●まず落ち着かせ、ケンカにならない解決法を考えさせる●

別室（応接室など）に座って、「まずＡくんから。どうしたの？」「そうなの…」「そしてＢくんも…」「だから叩いたんだね」というように、原因をしっかりと受け止めてあげます。その上で、「でもケンカにならない解決法は？」と子どもに考えさせます。また、クラスでケンカの原因とその解決法を考え、話し合うことも以後の防止に役立ちます。

暴力はいけません！
やめなさい！

まあお茶でものんで…
どれどれどうしてケンカになったのかな？

トラブルがあるとすぐいじけてしまう子がいます。

こんな対応をしていませんか？

●○○ちゃん、どうしたの？　いつまでそこですねてる気？
●じゃあ、ずっと夜までそこにいなさい！

なぜ、閉じこもるようにすねるのか

心を閉ざしてしまう子どもが近年増えています。その原因は単に「わがまま」とだけ言えるものではないようです。人との関わりがうまくできない子が増えている原因についても検討が必要です。

こうしてみると……

「○○ちゃんにも何か困ったことがあるんだよね。そこで考えててもいいから、気分がよくなったら席にもどりなさい。みなさんも、○○ちゃんが困っていることについて、聞いてあげられる人は聞いてあげてね。だって先生は○○ちゃんのこともとっても心配だからね」

閉じこもっている子もそれでいいとは思っていません。教師や仲間の暖かい働きかけを待っているのです。

●１人の子の問題にしない●

トラブルはどの子にも起こるものです。それを閉じこもらせたまま個人の問題とすることなく、みんなの問題として共に考えましょう。多少時間を要しても、１人の子も放置せず突き放さない教師の構えが必要です。

「私も大切にされている」――そう感じることで子どもは変わっていきます。さらに、自分も仲間の中の１人なのだと気づかせる視点が大切です。

いつまですねてるの?
はいはいもう席についてこんなことしてるとみんなも勉強が遅れちゃうよ

みなさんにも困っていることがあるよね?
○○ちゃんがどんなことで困っているのか考えてあげようね

うちの子はいじめられている、と親から言われました。

こんな対応をしていませんか？

●はい、さっそく○○ちゃんに注意します。
●私の方でも様子を見ておきます。
●私にはそれが「いじめ」とは思えませんが。
●どの子にもよくあることですから、気にされなくても。

どうして「いじめ」が起きるのか

低学年では、本人が「いじめている」という自覚なしに意地悪や仲間はずしをすることがあります。高学年では、そうした行為が意識されたものになって深刻化します。同じような内容でも、A子さんにはまったく気にならない事が、B子さんにとっては「いじめられた」と感じられる場合もあります。

要は「いじめられた」と感じたら、それは「いじめ」とまずは受けとめることが必要です。その訴えが過敏だと思えても、「そんなこと気にするほうがおかしい」と相談者に受けとられるような返事は避けるべきです。まして「いじめられるほうにも原因があるんです」は禁句。

こうしてみると……

クラスづくりの基本をはっきり示すこと、教師として「いじめは許さない」と子どもたちに示すことが大事です。小さないじめも「よくあること」にしないで、きちんと芽のうちに対応することが肝要です。

●いじめが起きたら●

いじめの内容をよくつかみ、「それはとても不快であること」を、いじめている側にやさしく、しかししっかりと伝えます。一方的に「これはいじめだ、やめなさい！」という対処はよくありません。いじめられている子に対しては、「私は絶対にあなたの味方だ」と安心感を与えることが大切です。どちらの子も傷つけることなく適切に対応したいものです。場合によっては、クラス全体の問題として「お話」などを例として取り上げます。

大したことはないと思いますよ
私にはいじめとは思えません
子どもたちにはよくあることですよ

学級づくりの基本を最初にきちんと示す。
① よくわかる勉強
② 「いじめ」のない学級
③ 明るく楽しい学級

いたずらをしても、すぐウソを言って逃れたりする子がいます。

こんな対応をしていませんか？

●「ウソ」と決めつけて対処する。
●本当のことを言いなさい！
●もう、きみのことは信用しないからね。

どうしてウソをつくのか

家庭で厳しい体罰を受けているような背景がある場合、それから逃れたい一心でつくウソがあります。また、過去にウソによって逃れた成功例があると、それが常習化することもあります。教師にはウソを見抜く力も必要です。

こうしてみると……

①ウソだとわかっていても、最初からウソと決めつけないで対処しましょう。
②別室などに呼び、「ところでAくんの靴がなくなったんだけど、きみは知らないかなあ」と１対１で静かに、自然な対応で話しかけます。
③子どもの答の矛盾点から「だって、そうかなあ……」と誘導していきます。

●追いつめず、愛情をベースにわからせる●

子どもはまちがいをする――これを前提に、「まちがいやウソは悪いこと」と決めつけて子どもに接しないことが大事です。たとえウソだとわかっていても、大真面目に、きちんと子どもの言葉を信じるところから説諭を始めましょう。ウソだと判明した時も、「それごらん、やっぱりウソだった」と言うのではなく、「みんないろいろ失敗して、少しずつよくなっていくんだよ」という愛情をベースに子どもたちに接したいものです。

「きみもつらかったね」と励まし、「さあ、これからは明るくね」と、さっぱりした対応を心がけましょう。

ウソをついてるね
ちゃんと本当のことを言いなさい！

あれ？
そうするとB君に聞けばわかるんだね？
あそうか！

暴力を叱っても反省せず、聞く耳をもたない子がいます。

こんな対応をしていませんか？

●どうして毎日毎日問題を起こすの！
●先生はもう知らないよ、そんな子は！
●親の育て方が悪い、とあきらめてしまう。

なぜ、開き直りや無視をするのか

その原因は「大人を信用しない」ことにあります。ケンカが絶えない子、万引きをする子、ウソをつく子と同様、こういう問題の渦中にある子は、大人不信、先生不信の感情を持っています。それは、自分を不利に導く要因から自分を守ろうとする抵抗の一方法でもあるのです。

こうしてみると……

「この大人は私の敵ではない」と子どもが信頼を寄せる関係を築くことが重要です。そのためには、「私はきみの味方だ」「きみのことを真剣に考えている」という教師の思いが伝わらなければなりません。「追及する」「決めつける」態度で接しないように心がけましょう。

「そうか、だから叩いちゃったんだ。よほど腹が立ったんだね」「そもそも最初にきみがイヤだと思った理由は何だったの？」と、警戒心や心の鎧をゆっくり脱がせていく根気強い話し合いが必要です。

●手に余る子と思わず、大人への不信感を解く●

前書きの「愛という字」で書いた通り、心を閉ざす子、反発する子への特効薬は愛情が一番です。まず受けとめてあげることから出発しましょう。そのためには、まず私たちがどんな子も見捨てないという構えが肝心です。子どもを見つめるまなざしのやさしさこそ、困難な子どもに対応する基本なのですから。

どうして毎日暴れるんだ！もう知らないぞ先生は！
何しに学校へ来てるんだ！

そうか…だからやっちゃったのか
ところでケンカの原因は何だったんだい？

すぐ学校を休む子、かなり長期に不登校の子がいます。

こんな対応をしていませんか？

●もしもし、どうしたんだい？　ちゃんと学校には来なくちゃあ！
●（親に）○○くんも、わがままなところがあるようですね。頑張って学校に来れるようにお願いします。

どうして学校に行きたくなくなるのか

①友だちの中にいることへのプレッシャーがある（うまくとけこめない、サッカーがうまくできない、など)。
②勉強がよくわからない、おもしろくない。
③困難に立ち向かう力の弱さ。
などがあります。

こうしてみると……

①休みがちの原因はよく調べながらも「出席」を強調しすぎない。
②今日は学校で「こんなことをする」という内容がよくわかるように伝える。
③友だちの力も借りて、誘いあってもらう。
④プリントなどを、近くの友だちに届けてもらう。
⑤下校時に家に寄って様子をみる。
⑥親と話して、その原因について知る。

●「登校」への圧力を取り除く●

不登校気味の子に「学校へ行くべき」と強くすすめると逆効果になることもあります。しかし、「好きにさせる」だけでなく行きたくなる動機づけが大事です。不登校の子にとって、学校は楽しい場所どころか圧力を感じるところになっています。その圧力をどう取り除くかがポイントです。何日か休んでも、その子を暖かく、そして「普通に」迎えることができる学級づくりが大切です。

どうして学校に来ないんだい？
さあ元気だして行こうよ
ほらこれ持って

「たんぽぽ」…学級だより
これ今日の「たんぽぽ」だよ！
どうもありがとう
あとでいっしょにあそぼ！

「万引き」をしてしまった子がいます。

こんな対応をしていませんか？

●万引きってどろぼうだぞ。ちゃんとお店の人に謝りなさい！
●おまわりさんに連れていかれて牢屋に入るんだぞ！
●（店の人に）保護者にも弁償や謝罪をさせますから…。

対応を誤ると後々の人格形成にも影響

衝動的に「欲しかったから」という場合と、「スリルが楽しかった」という常習的な行為があります。後者の方が対応が難しいですが、対応を誤るとその子の後々の人格形成にも影響を及ぼすので注意が必要です。してしまったことを責めるだけでなく、二度としてはいけないとわからせると同時に、親や教師が悲しむことをわからせることが大事です。

こうしてみると……

万引きは「犯罪」には違いありませんが、対応をやはり子ども中心に。親にも来てもらって、教師や親がきちんと謝っている場面を子どもにも見せ、本人にも謝らせます。「万引きは、してはいけないことです。これからは絶対しないと約束しよう」と、怒鳴ったり叱りつけたりする口調ではなく、しみじみと説諭しましょう。他の子たちの知るところとならぬよう配慮も欠かせません。

●心に届く説諭が大切●

万引きは、繰り返しやってしまう例があります。

「うまくいった」

「欲しいものが手に入って得をした」

「見つからなければよい」

こうした経験が次の万引きを誘発します。事実がはっきりした時は、叱りつけ・脅かしの対応ではなく、親や教師の悲しみも含めて「心に届く」説諭を心がけたいものです。こういう災いの時こそ、ふだんの何倍もの教育力が求められるのです。

どろぼうだよ！あやまりなさい！

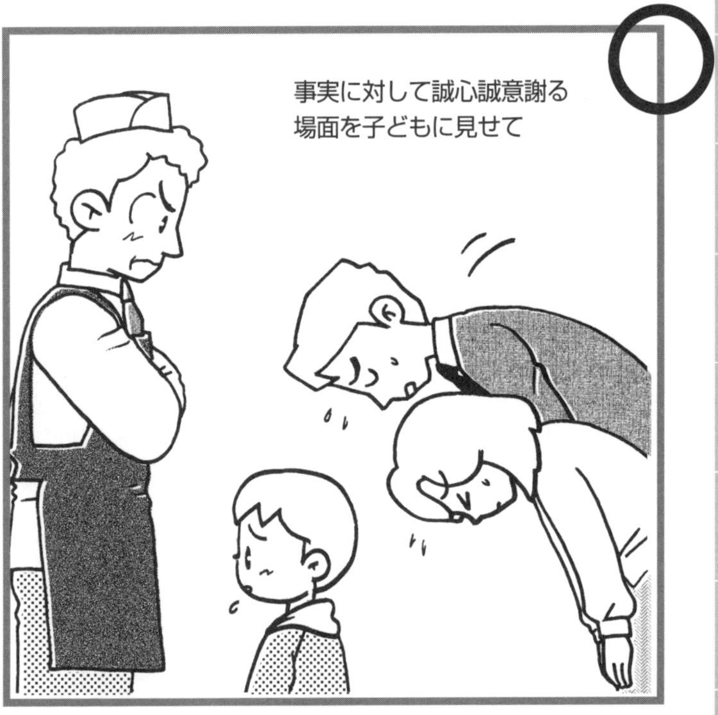
事実に対して誠心誠意謝る
場面を子どもに見せて

「セクハラ」と誤解を受けないために。

こんな対応をしていませんか？

●コミュニケーションのつもりで肩などに触れる。
●「大きくなったね」と体に関する話題を出す。

なぜ「セクハラ」なのか

情報化社会の影響もあって、子どもでも「セクハラ！」という言葉を使う場合があります。教師の方ではコミュニケーションの行為と思っていても、男性教師が女子児童の肩に手をかけただけでも「先生がセクハラした」と親に訴えるケースもあります。「教師によるセクハラ」の問題の背景には、教師・子ども・保護者間の日頃のコミュニケーションが不足していたり、「不信」「不安」がある場合が多いものです。

こうしてみると……

高学年の子どもたちが教師を好ましく思わない事柄について紹介しますので、ふだんの配慮の参考にしてください。
①言い方が「暗い」と感じる。
②くどくど、しつこいと感じる（特に叱り方）。
③女子と男子への接し方・話し方に違いがあると感じる。
④服装などに不潔感を感じる（いつも同じトレーナーなど）。
⑤「大きくなったね」などと体に関する話題を出す。
⑥体育着などに着替える場所に居合わせる。

●性教育はきちんとまじめに●

「○○さん、大きくなったね」と、単に背が伸びたことを軽く「ほめた」つもりでも、児童によっては「いやらしい」と感じる子がいます。身体検査の後に「何kgになった？」などと聞くのも高学年の子には禁物です。子どもへの説諭が必要な場面でも、個室で2人きりではしない配慮も。

体に関すること、成長に関する問題については、真剣に学びとして行いましょう。その真剣さや、「人として大切なこと」というスタンスが、きちんと高学年の子どもたちにも届くよう配慮した性教育の研究が必要です。

注意!!
「いつも子どもの肩や体に触れる」と思われる
子どもが「エッチ」「セクハラ」と思うジョークや行為

さわやか教師が一番！

COLUMN 1
朝勉強の例

●四角引き算

①正方形の四隅に好きな数字を書きこむ。
②となりあった数の大きい方から小さい方を引き算して、答をまん中に書く。
③おのおの引き算をして、答の点を結ぶ。同様に引き算を次々やっていくと、図の中の正方形の頂点の答は最後には「0」になる。

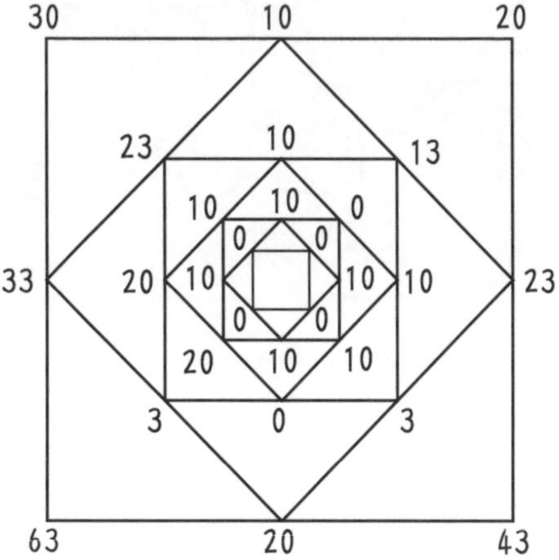

●漢字さがし

「シ（さんずい）の字を見つけよう」
他に　言（ごんべん）　魚（さなかへん）　などを出題する。辞書で調べてもよい。

●倍々（ばいばい）クイズ

1円の倍で2円、2円の倍で4円……というように30回やると合計いくらになるか。

●名前さがし

新聞紙1枚を班にわたし、その中から自分の名前や学校の名前の字をさがして○印をつける。ひらがなでも漢字でもよい。

COLUMN 2
ケンカ仲裁のエピソード

こんなことがありました。

守くんとよしおくんが大ゲンカをしました。守くんの興奮は仲裁に入った私の腕に噛みつくほどのものでした。

「イタタ……先生にまで……」

保健室で薬を塗りながら…

「よし、いいことがある。守くん、このことはおうちの人にも言わないでおこう。クラスのみんなにも秘密にするよう約束させるから」

その後…

守くんはその後ケンカも減り、クラスのリーダーに成長していきました。クラスの他の子たちも約束を守って…。

さらにその後…

10年後、クラス会で成長した子どもたちの間でその話題が出て、笑いあったことがおまけとしてありました。

信頼されることが大切

「君を信じて見守る」ことが大事なのだと思います。失敗を叱るのではなく、その子とクラス全体の中で、トラブルをなくしていく取り組みが大切です。

COLUMN 3 心を閉ざす子＝ユリさん

何が原因だったのか、心を閉ざして机の下にもぐりこんだまま出てこないユリさん。声をかけても返事をしません。しばらく様子を見ていると……。

ユリさんは退屈したのか、いつの間にか机の下で折り紙を折っていました。しかし、「どうしたの？」と問いかけても、その日はとじこもりの原因はわかりませんでした。

その日の夕刻、私はユリさんの家に電話をしました。

「もしもし、ユリさん？　先生の子どもの泉くん（当時5歳）がお話ししたいって」

電話を代わった息子の泉がユリさんに話しかけます。

「もしもし、ユリちゃんですか。あしたね、ぼくにおりがみちょうだいね」

このセリフは私が息子に教えました。

翌日、ユリさんはいくつも折り紙を持って登校しました。とても嬉しそうです。以後、ユリさんは徐々に明るい子へと変わっていきました。

ユリさんの閉じこもりの原因は友だちとのささいなできごとでしたが、やはり自分が認められることが大事なのです。

郵便はがき

料金受取人払い

麹町局承認

6174

差出有効期間
平成20年6月
30日まで
(切手は不要です)

1028790

102

東京都千代田区
飯田橋2-4-10 加島ビル

いかだ社

「読者サービス係」行

ふりがな
お名前

ご職業

男・女

生年月日　　年　　月　　日

電話

〒

ご住所

メールアドレス

お買い求めの書店名

ご購読の新聞名・雑誌名

本書を何によって知りましたか(○印をつけて下さい)

1. 広告を見て(新聞・雑誌名　　　　　　　　)

2. 書評、新刊紹介(掲載紙誌名　　　　　　　　)

3. 書店の店頭で　4. 人からすすめられて　5. 小社からの案内

6. その他(　　　　　　　　)

このカードは今後の出版企画の貴重な資料として参考にさせていただきます。ぜひご返信下さい。

読者カード

本書の書名

本書についてのご意見・ご感想

出版をご希望されるテーマ・著者

●新刊案内の送付をご希望ですか（○印をつけて下さい）

希望　　不要

●ご希望の新刊案内のジャンルをお教え下さい（○印をつけて下さい）

教育書　保育書　児童書　その他（　　　　）　全てのジャンル

ご協力ありがとうございました。

COLUMN 4
いじめ克服の授業を

絵本『わたしのいもうと』（松谷みよ子著　偕成社刊）
を使って

いじめを苦に、ついに死に至ってしまった少女を描いた絵本を題材に、子どもたちの感性に訴えかける形でいじめの恐ろしさを伝えます。

小学校２年生の例ですが、ちょっとした陰口や体に関する冷やかしを苦にすることがあります。「みんなが“いじめている”と思わないことでも、人としてしてはいけないこと」の事例を取り上げ、授業として子どもに伝えます。

感性を通しての訴えは子どもの心に届きます。すぐれた文学作品や切実な事例（自分の体験も含め）を取り上げることで、子どもたちに訴えかけましょう。

また、参観日の授業の中に「いじめ」をテーマにした内容を取り上げ、親子で話し合える材料を提供するのもよいと思います。

COLUMN 5 不登校の子の家庭との交換ノート

入学式の次の日から不登校

1年生の弘くんは、入学式の次の日から学校に来ません。家に連絡をとると、「学校に行かないと言ってます。行く気になるまで子どもの自主性が大切ですので…」との答え。

交換ノートを始める

親にすると、それはその子の「自主性」ととらえたらしく、登校をすすめる様子もなく、同じ理由で「先生や友だちが誘いに来る必要もない」とのことです。そこで、大学ノートで親とのやりとりを始めることにしました。

本当の自主性を育てるとは

“自主性とは、親と学校（教師）で育てていくもの”の立場に立ってもらえるよう書き、ご両親と面談もしました。「無理に登校するのではなく、真に弘くんが、学校の仲間の中で伸びるには…」などをねばり強く話し合い、楽しい「おたのしみ会」などへの参加をきっかけに、弘くんも学級の集団に入って登校できるようになっていきました。

COLUMN 6
心を閉ざした和也くんと

図書室で友だちとトラブルを起こした和也くん。本を投げ散らかして暴れ、校長室で校長や担任の先生からお説教を受けています。和也くんは「フン」とそっぽを向いたきり。お説教を聞き入れそうにありません。

サッカーとお説教のどちらがいい？

別の用で校長室に来た私は、効果のないお説教の後、和也くんに話しかけました。

「和也くん、こんなにいい天気なのに、サッカーをやるのとお説教を聞くのとどっちがいい？」

「あたりまえだよ、サッカーに決まってる」

上からの力関係でなく対等の立場で交わされる対話で、和也くんも自然に受け答えができます。

反発でなく同じ目線に

「弱い者に勝つより先生を負かさないか？　おすもうでもしよう」

「大きいんだから先生が勝つに決まってるじゃねえか！」

「じゃ、手押しずもうはどうだい？」

向かい合い、両手を合わせて相手を押して、足を動かした方が負けです。

「おっとっと…惜しいな」

私は少々演技も交えてしばらく押しずもうをとり、スキンシップで和也くんとの距離を縮めたのでした。

子どもたちのおしゃべりがいっこうにおさまりません。

こんな対応をしていませんか？

●静かにしなさい！　何回言ったらわかるの！
●もう、何年生なの？（と大声を出して注意する）

なぜ、子どもたちはおしゃべりするのか

大声を張り上げて「静かに」と言っても、だんだん音量を増すだけです。どんな時に子どもたちはおしゃべりをしてしまうのでしょうか。

① 今、何をするべきかがはっきりしない時。
② 休み時間の楽しい興奮がまだ続いている時。
③ 先生の授業にヤマ場や楽しさがなくなった時。

こうしてみると……

①その時間の学習のポイントをはっきりと示す。図示や言葉のカードを使うとより効果的。
②興味あるもので引きつける、ユーモアのある話題を取り入れる。
③授業がダラダラしたり教師がしゃべりっぱなしにならぬよう、子どもの発言や活動を取り入れたものにする。

●教師に気持ちを集中させる●

うちわ型の指示カードを使ったり、ハンカチを不思議そうに取り出したり（何だろう？…と目を引きつけてハンカチをとると指だった、というマジック）など、子どもの目を集中させる工夫をするとおしゃべりも止まります。

また、「マサヤくんとミナさんが態度いいなあ」「３班が第１位！」などと、お手本になる態度をほめて集中させるのも効果的です。「あなたの班は今週真剣に学習に取り組みましたので表彰します」といった内容で、班へ表彰状を出すのもよいでしょう。

静かにしなさい！
何度言ったらわかるの！

5秒前
スタート
指示ボード
きょうの目標
分数がわかる
あれっ、なんだろう？

授業に集中せず、手遊びをしている子がいます。

こんな対応をしていませんか？

●ほら、また○○くんだね。ちゃんと先生の方を向いて！
●よく聞いてないと、テストの時こまるわよ！

なぜ手遊びなどをしてしまうのか

①学ぶことに興味がもてない（わからないとあきらめている）。
②教師の授業のおもしろ味が足りない。あきている。

こうしてみると……

その子のそばに寄り、肩に手をかけて、「おや、○○くんのやっていることは何かなあ」「ところで○○くん、たとえばリンゴを半分に切ったら何分の何っていうんだっけ？」と授業に導いていきます。

また、いたずら書きやマンガを描いている子がいたら、それをほめることで「逆の効果」を得る対応もあります。「うまいなあ！　きみはマンガの才能があるよ。でも今はやめて、明日これをカラーにして先生に見せてくれないかなあ」「きみの得意なものは何かな。休み時間に先生に見せてよね」

●引きつけるとは？　わかるとは？●

どの子も授業がおもしろくて勉強の中身がわかることを望んでいます。「あれっ、どうして？」と目を輝かせることができる授業づくりがポイントです。図示をしたり、具体物を補助に使うのは効果的です。

具体物を示して、その子の興味と関連づけて話しかける。

ノートがきちんと書けず、落書きでいっぱいの子がいます。

こんな対応をしていませんか？

●何ですか、このノートの使い方は！　きちんと、ていねいに書きなさい！
●いったいきみは何年生なの。とっくに習った漢字をひらがなで書いて。

どうしてノートが乱雑になるのか

まず、ノートの使い方を教えてもらっていないからです。そして、ものごとを整理したり順序よくという考え方が欠けているからです。

こうしてみると……

①ノートの正しい使い方を教えます。うまく使っている子の例をコピーして学級通信に載せるなどして、まねさせるのもいいでしょう。
②大切な学習のまとめは、プリントそのものをノートに貼りつけることも教えます。
③「きちんとする」ことの大切さ・便利さを、事例を通して教えることが大切です。よい事例を学級だよりに転載して（本人の了承を得て）、保護者にも見てもらい、我が子へのアドバイスに使ってもらうこともできます。

●具体的にノートのとり方を教える●

具体例をプリントしてそのままノートに貼って参考にするのは、いつもでなくても「まねる」という例として取り上げます。落書きをする子には「落書き帳を別につくって、そこに書いてね。でも授業時間中にそのノートを使っていると、かんじんの勉強がわからなくなるから、休み時間にしてね。落書きしていたら、授業中は先生があずかっておくよ」と言っておきます。

こんなんじゃダメ！
書き直し！
習った漢字に直しなさい！
$\frac{1}{4}+\frac{3}{4}=$

ほら、このノートを
見てごらん。
どっちがわかりやすい？

授業中に当てても答えず、ほとんど口をきかない子がいます。

こんな対応をしていませんか？

●おや、○○ちゃん、お耳やお口はないのかなあ。
●「はい」のお返事は？
●おうちではお話しするんでしょ。さあ、勇気をだして！

どうして発言できないのか

みんなの前では緊張して話せない子がいます。前に発言したことでからかわれた、答をまちがえたなどの経験が恥ずかしい記憶として残り、それが緊張に連なっているのです。そういう子に無理に発言をうながすと逆効果になることがあります。

こうしてみると……

その子の興味・関心がどこにあるかを見極めて、ひと言で答えられる質問を、なにげない場面で対話調で投げかけてみるのも効果的です（例：給食時に、班の席で一緒に食べたりする場面）。まず、緊張や恥ずかしさを取り除くことが先です。

●プレッシャーのない学級づくりを●

右の絵は私の実体験です。それまでひと言も口をきいてくれなかった子が、この場面で「ストロベリー」と初めて発言してくれました。「それ、私知ってる」「ほんとは言いたい」と心の中で思っていて、つい口をついて言葉が出たのです。

その後、家庭訪問の折、その子は前日に話題にした野の花を玄関の靴箱の上にさして置いていました。「私の方を向いてね」のサインを見逃してはなりません。

教室は、どの発言も笑われたり冷やかされたりしない場所でありたいものです。「みんなちがってみんないい」という気楽さと思いやりのあるクラスづくりを心がけましょう。

ほらほら
読めるんでしょ！
勇気だして！
お口があるんだからね。

そのリンゴの絵の下に書いてある英語読める？
アップル！
じゃあその横のイチゴは？
なんだろう？？
ストロベリー！

発表や発言が苦手な子がいます。

こんな対応をしていませんか？

●ほら、○○君、もっと大きな声で！
●お友だちに聞こえないよ！

どうしてはきはき発言できないのか

　大人にとってさえ、自信のないことを発言する時に大きな声は出ないものです。まして子どもなら、音読であれ算数の解答であれ「まちがっているかも」という不安があれば声が小さくなっても当然でしょう。

こうしてみると……

　音読させるには、いきなり指名せず、あらかじめ「ここを読んでもらうよ」と練習の時間を与えます。または「今は練習だから、明日が本番ね」と安心させるのもいいでしょう。解答する場合は、班の人たちに合っているかどうか相談してから答えてもよい、などの工夫をします。

●進歩をみんなでほめあう●

　少しでもよくなったら、みんなで拍手などしてほめることも大事です。下に紹介するのは『教室はまちがうところだ』（まきたしんじ著　子どもの未来社刊）という長い詩の一部です。学級づくりにとても参考になります。

> 教室はまちがうところだ
> みんなどしどし手を上げて
> まちがった意見を言おうじゃないか
> まちがった答えを言おうじゃないか
>
> まちがうことをおそれちゃいけない
> まちがったものをワラっちゃいけない
> まちがった意見を　まちがった答えを
> ああじゃあないか　こうじゃあないかと
> みんなで出しあい　言い合うなかでだ
> ほんとのものを見つけていくのだ
> そうしてみんなで伸びていくのだ　　（後略）

はい、もう一度！
もっと大きな声で！

前より声が
大きくなったね。
はーい、拍手！

すぐ「わかんない」と言い、学習に対する意欲を持たない子がいます。

こんな対応をしていませんか？

●しっかり勉強しないと、大人になって仕事もできないぞ。
●ホームレスになってしまうぞ！
　このような「脅し文句」を浴びせていませんか。

どうして「わからない」とすぐ言うのか

　「頭が悪いから」「全然わかんない」と、開き直ったように心を閉ざしてしまう子がいます。この意識を取り払わないと、新しい知識が入っていきません。自信のなさや「わからない」の言葉は、「わかりたい」という発信のひとつなのです。

こうしてみると……

　「わかったー！」という場面をどうつくりだすかがカギです。その子のレベルに合った問題で、必ず正解をさせて自信をつけさせます。また、図工や音楽などの授業でピカッと光る部分をクローズアップしてほめます。「やればできる」と思えるよう、具体物を通じたり、身近なもの・関心のあるものにひっかけて理解を手助けするようにし、できた時は少々大げさにほめてあげましょう。

●わかるよろこびを感じる場面を●

　たとえ小さなことでも、「やったあ、できたあ！」という思いは子どもを励まします。「どうせわかんない」という諦めの気持ちを克服させ、「あれ、できちゃった」という誘導もふくめ、その子に達成感を持たせる工夫が必要です。
　そのためには、学びの遅い子が先生と仲間から決して「さげすまれない（笑われない）」保障がクラスにあることです。まちがいをみんなで確かめ、「○○くんのおかげで、みんなもよくわかった」といった肯定的な雰囲気が学級にあることが望ましいのです。

ねぇきみ、
やる気あるの？
何度言ったら
わかるの？

やったあ！
できたじゃないか！
15×8÷2=60
こたえ 60cm²
こんな場面をつくってあげましょう。

授業に対する反応や意欲が感じられない子がいます。

こんな対応をしていませんか？

●はい、わかりましたか!?
●これをしっかりおぼえておかないと大変だぞ！

子どもたちは何に集中するのか

教師の「ひとりよがり」の一方的な授業に、子どもたちはついていけません。高学年にもなれば、「先生、ひとりで自分の世界…」としらけてしまうかも。子どもたちに迎合することはありませんが、やはり現代の子どもたちの感性も学んでおく必要があるようです。

こうしてみると……

ワンパターンな授業にならない工夫を考えましょう。授業の導入やヤマ場を考えた授業研究は必要です。例えば「昨日の事件をどう思う？」「不思議なんでも質問コーナーです！」と、ニュースや科学の不思議などの話題を提供して興味づけをします。

子どもたちの興味や関心について、子どもたちが見たり読んだりしているテレビや雑誌にも気を配ることがあってよいでしょう。

ゲームや遊びで子どもたちをひきつける手だても必要です。

●子どもたちが生き生きするクラスに●

（右の絵の続き）さて、第３問目は難しいですよ。「“め”の長い動物は？　５秒以内で答えてね」

こんな問題で子どもたちを盛り上げましょう。えっ、答ですか？　答は…ヤギです。だって「メーーーーー！」って鳴くでしょ？

「えっ！どうしてー」とか「なーんだ、そうかあ」という反応が返ってくるクラスや授業をつくりましょう。歌声や笑いがあふれる明るいクラスこそ、子どもたちのやる気と意欲をひき出します。もちろん「わかる授業」が第１ですが。

これをしっかりおぼえないと大変だぞ！
1/2 + 1/3 =

動物クイズだよ。
第1問 耳の長い動物は？
ウサギ！
ピンポーン
第2問 鼻の長い動物は？
はーい！
ゾウ！
ピンポーン

学習に追いつけない子やほとんど授業に参加できない子がいます。

こんな対応をしていませんか？

●例えば算数の授業中、別の「作業」を指示してやらせている。

「そうせざるを得ない状況」を放置しない

あきらかに知的にも今の学年のレベルに追いつけない子、授業に参加することがむずかしい子がクラスにいる場合があります。私の実体験ですが、授業参観でＡ君が１人、穴のあいたボードにひもを通す作業をしていました。やっと全部通すと、教師はひもをサッと抜いて「もう一度」と指示したのです。これには大変驚きました。

こうしてみると……

第1は、保護者との話し合いです。その子の発達に見合う学級・学校の紹介をていねいに「その子のため」を元にして話しましょう。

第2に、現実の対応として、レベルを合わせた教材の準備など、同時並行で取り組めるようにします。

第3は、その子をみんなで助けていく学級づくりにクラスの子どもたちと取り組みます。

●管理職の協力も得て…●

現実問題として、１人の子に特別の教材を毎日・毎時間用意するのには無理もあります。また、その子が多動で教室に長くいることができなかったり、授業に支障をきたす行為をしたりする場合はなおさらです。

他の教師や管理職に実情を訴え、その子をフォローする体制づくりをお願いすることも必要です。教育委員会にもアシスタント役をつけてもらえるよう要請していきましょう。

保護者とは常にコミュニケーションをとり、場合によっては、条件次第で参観やつきそいをお願いする場合が必要になることもあるでしょう。

ポツン…

みんなで○○くんの
ことを助けて
あげようね。
いっしょに
あそぼうね！

宿題を出すか出さないか、保護者の意見も分かれます。

こんな対応をしていませんか？

●たくさんのプリントを宿題にしている。
●安易に「漢字100字練習」「計算ドリル○○ページ」などを宿題にしている。

子どもが喜ぶ宿題はあるのか？

宿題が、子どもたちにとって魅力なくかなりの負担になっている場合もあります。何ごとも「やらされる（強制される）」のは、大人だってイヤなものです。宿題がなくても自主的に勉強（予習や復習）をするにこしたことはないけれど、いかにして楽しく、宿題をするか工夫のしどころです。

こうしてみると……

「自由学習」と称して、読書・漢字練習・計算などに取り組みます。時間は学年×10（5年生なら1日50分学習）で、次ページのような表をつくって、各班で1週間分の総合計時間で競いあいます。他に、「1週間6人で合計1800分！」など目標を決め、達成したら表彰状を出して励ますと、子どもたちも意欲的に取り組めます。

●成果が見えて励まされる●

「自由学習」は文字通り自由ですから、中には提出日に「読書50分」と書き連ねてやったことにする子もいますが、追及せず、全体のムードの中で「自分もちゃんとやろう」と思える方向へもっていきます。

「3班さんの合計1850分！すごいね」などの励ましをする雰囲気をつくります。また「○○くんはいい勉強をしているね」と紹介したりします。

その上で、自主的・自由だけでなく、「今日の勉強時間の中に、これをやった分を加えていいよ」と、いわゆる宿題としてプリントなどを与えると、かえって負担が軽くなったように感じて、忘れる子は少なくなります。

はい、宿題よ！
え〜！
こんなにたくさん！

3日
4日
5日
6日
内容
計算
読書
かん字
15分
50分
30分

COLUMN 7 教師自身がていねいな字を

教師自身がまず正確でていねいな字（板書をはじめ）の見本を示すことが大事です。教師も案外不正確な場合が多いですから。

例えばひらがなでは、下の例のようについ不正確に書いています。とめ・はねなど、書き方の基本を、教師自身がふだんから心がけましょう。

漢字の筆順も習慣的に誤って使っている場合があります。
「右」の第一画ははらう
「左」の第一画は横一から

教室に子ども用の国語辞典や漢字辞典を何冊か常備しておき、調べる習慣を子どもたちにもつけてもらいます。教師も卓上に電子辞書を置き、「？」と思ったらすぐに調べましょう。

COLUMN 8 勉強のやり方のヒント

理解が遅い子は勉強のやり方がわからない

具体的な勉強のやり方を教えます。

①ノートのとり方

　プリントをそのままノートに貼ったり、黒板の文をノートに書き写す方法。

②お手本をまねてノートに書く

　行間のとり方、図示などをうまく書けている子の例をうつさせる。

③学習に必要なものや準備物は事前に「学級だより」で予告し、家庭の協力を得る。

図解・図示でわかりやすくする

具体的に目に見える図解は理解を助けます。また、数式では、数字を簡素化してわかるように手助けします。

忙しくて「学級だより」を発行するのが大変です。

こんな対応をしていませんか？

- 「学級だより」は、4月に1、2号を発行したきり途絶えている。
- 「たより」に書くことが少ない。行事や学習予定は「学年だより」で十分だと思っている。

なぜ「学級だより」は必要か

①クラスでの子どもたちの様子。
②生活指導や学級づくりで取り組んでいること。
③今の学習内容や、子どもたちの理解度について。
③担任がどういう思いで子どもたちと日々接しているか。

こうしたことを保護者に伝えるための重要な手だてだからです。親とのコミュニケーションづくりの、いわば血管の役割と言えましょう。

こうしてみると……

多忙で大変でも、簡単に、短時間で気軽に出せるように工夫しましょう。

①タイトルはコピーして切りとって用意し、号数と日付を入れる（またはパソコンでヒナ型を入力しておく）。
②子どもたちの作文・カットなどを入れてスペースを埋める、など。

●担任の思いを伝え、教室の様子を伝える「たより」に●

連載的な欄を書きためておいて、1/4くらいのスペースで貼っていくのも一方法です。ここには「担任の子どもへの思い」「近ごろの教育や世相について」「どうして教師になったのか」「過去の子どもたちとのエピソード」などを書き、保護者に担任の人となりや教育に対する考え方を理解してもらえるようにします。また、「漢字テスト目標達成」や「〜ができるようになった」など、教室での子どもたちの様子を伝えます。写真を写真モードで印刷したりしても喜ばれます。時にはパソコンでカラー版も出してみましょう。

タイトルはファイルの袋に

これだけあれば本文をまとめやすくなります。

保護者会の出席者がだんだん少なくなってきました。

こんな対応をしていませんか？

- 「では、プリントにありますように……」と、印刷物の説明に終わってしまう。
- 子どもたちの指導がいかに大変かという「困ったことの報告」が多い。

どうして出席者が少ないのか

　読めばわかるプリントの内容説明に終始してしまっては、せっかく来てくれた保護者はがっかりします。当日仕事を休んでまで出席した人ならなおさらです。その上、子どもたちへの愚痴を聞かされれば、そんな保護者会は敬遠されても仕方がありません。

こうしてみると……

①前日までに学級だよりで「保護者会で取り上げる中身」を予告しておく。
②学級での子どもたちの様子を具体的に話せるようにしておく（よい面も）。
③今何を学習しているのかがわかる資料や子どもたちのノート、テストの集計などを示して説明できるようにしておく。

●学習内容がわかり、気軽に話し合える雰囲気を●

　役員の保護者の方にも協力をお願いして、お茶を用意したり名札を置いたりするなど、雰囲気をよくしましょう。教室に興味を持てるように、子どもたちの作文や絵を掲示する工夫もいいですね。

　保護者会は保護者と教師が直接話せるせっかくの機会です。学習内容や子どものエピソード、失敗談の他、自身の人柄を知ってもらえるようある程度プライベートな話題も取り入れて、親しみをもって話し合える場を心がけましょう。

　「来てよかった」「また参加しよう」と思ってもらえることが大切です。

このクラスの子どもたちには疲れます。
今月の予定はプリントにあります通り…

2回目のテストでは、このように平均点がアップ!!
今回の算数のポイントは…

保護者が担任に不満や不安を持っているのではと心配です。

こんな対応をしていませんか？

● 「疲れる」「忙しい」「子どもたちが大変」といった内容を保護者に対して口にする。
● 「基本的生活習慣や、しつけが足りない」
こういう否定的なことを口にする。

教師の当たり・はずれ？

上の言葉に対しては、保護者から「私たちだって苦労してます。先生は仕事でしょ」と思われてしまいます。世間では「教師の当たり・はずれ」も話題になります。果たして「当たりの教師」「はずれの教師」とはどういう面を言うのでしょうか。一般に「明るく、えこひいきせず、教え方がうまく、子どもに慕われる教師」は「当たり」で、その逆は「はずれ」と思われるのでしょう。

こうしてみると……

保護者と自然な対話ができることが大切です。「私は教師！」という思いがあると、保護者は構えてしまいます。

●親としての共感をベースに●

あなたが単身者でも、子どもたちを育てている大人として、親の気持ちになって保護者と共感できるベースをつくっていきましょう。

「お母さんも子育てやお仕事大変ですね」の言葉を心から交わせる、その思いが伝わることが大切です。「教師ってとてもよい仕事です」との思いが親に伝わってこそ信頼が生まれます。まるで「疲れ果てる教師の仕事」のような印象を保護者が持ってしまっては、担任に対して不安が生じます。

教師は子どもたちにとっても保護者にとっても「いつも明るく元気いっぱい」がいいのです。日ごろ「学級だより」などに、教師の思いを反映させておくことも大切です。

○○くんには
ほとほと
困ります…

うちの子だって
勉強は
ちっとも…
ホッ
先生の
ところでも…

親からクレームがありました。どうしたら？

こんな対応をしていませんか？

● 「どうもすみません」とひたすら謝る。
● 「そう一方的におっしゃられても」「学校の管理外のことです」と反論してしまう。

親のクレームはどうして増えているのか

①保護者が「わが子視点」になってきている。
②「被害者視点」に立って、子どもたちの出来事を考える。
③冷静にその出来事を判断できず感情的になる。

最近、親からかなりとまどう内容のクレームが来る例が多いようです。しかし、根底には親と教師・学校との日ごろのコミュニケーション不足、「信頼」不足があります。

こうしてみると……

親のクレームには、過保護と同時に「子育てに対する不安」が背景にあります。「ええ、そんな事がありましたか。私の方でもよく調べてみます。（事情をきいてみます）」「それはご心配ですね。私も自分の子どもの事で同じ心配をしています」「校長ともよく相談して、後でどのように対処したか、報告します」と、親の不安に共感し、訴えに対して誠意で応答しましょう。

●感情的にならずに信頼を築く努力を●

「やれやれ、近ごろの親ときたら」と受けとめずに、“共に問題の解決に当たる”“子どもにマイナスにならない処置”を中心に、保護者の納得を得るように誠心誠意の努力を示して対応することが大事です。誤解や一方的なクレームもありますから、子どもを中心にした視点で、冷静に事実に当たります。

「訴える」と言われても慌てず、「私たちも、きっとご納得いただけるよう努力いたしますので」と、冷静に誠意をもって、ねばり強く話しましょう。

一番大切なことは日ごろからの親とのコミュニケーション、信頼づくりです。

学校の責任は？
訴えます！
学校に責任はありません。
お子さんに影響がでますよ。

冷静に対応
事実を確かめまして、きちんと報告します。

参観日がふだんと違う様子になってしまいます。

こんな対応をしていませんか？

●ふだんあまり使用しない教材やボードなどを用意して使っている。
●ふだんと違う言葉づかいをしている。

なぜ、ふだんと変わらない授業ができないのか

親に見られることを意識して「恥ずかしくない、ミスのない授業」「クレームがつかない授業」にしようとする気持ちが働くと、かえってふだんの良さが出ません。子どもたちも敏感に察知して緊張します。自信のない子はますます発言できないような授業になります。「先生が、さん付けで呼ぶ参観日」などという子ども川柳もありました。これは皮肉ですよね。

こうしてみると……

ボードの使用などはわかりやすい授業には有効ですが、使うのが参観日だけでは「いつもあんなふうに教えてくれるの？」と、親は子に聞いてしまいます。いつも通りとはいかない面もありますが、教師の人となりが授業にあらわれる、親しさを保護者に感じてもらえるようにしましょう。

●わかる授業を心がけ、人柄を知ってもらう機会ととらえる●

「こういう授業ならよくわかる」「私も勉強に参加したい」と親にも思ってもらえる授業。これはもちろん難しいことではありますが、「プロの教師」として、ふだんから「わかる授業」と「楽しい授業」の「営業努力」をしましょう。

また、特別な「いい格好」を見せるのではなく、教師の人柄を保護者にわかってもらう機会ととらえましょう。参観する保護者が一部に参加できる授業もいいでしょう。

子どもたちが楽しそうに、わかる授業を受けていて、「この先生のクラスなら安心」と思ってもらえれば合格です。

ふだん使わないボードなどを用意している。

COLUMN 9
保護者会の資料として

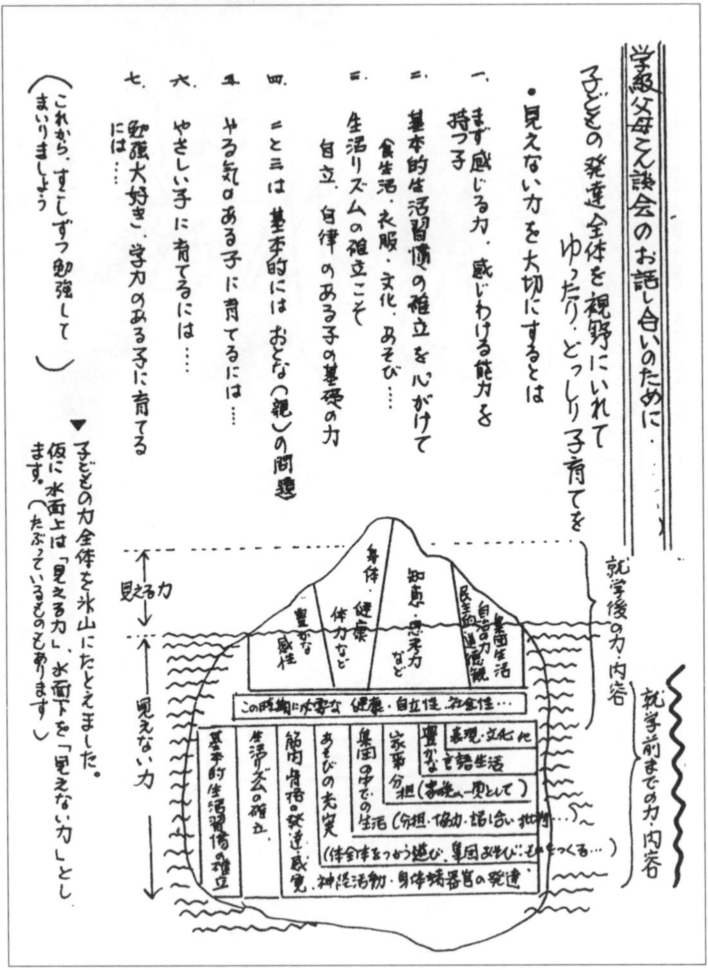

学級父母こん談会のお話し合いのために・

子どもの発達全体を視野にいれて
ゆったり・どっしり子育てを

・見えない力を大切にするとは

一、まず感じる力・感じわける能力を持つ子

二、基本的生活習慣の確立を心がけて
食生活・衣服・文化・あそび……

三、生活リズムの確立こそ
自立・自律のある子の基礎の力

四、二と三は基本的にはおとな（親）の問題

五、やる気のある子に育てるには……

六、やさしい子に育てるには……

七、勉強大好き・学力のある子に育てるには……

（これから、すこしずつ勉強してまいりましょう）

▼子どもの力全体を氷山にたとえました。仮に水面上は「見える力」、水面下を「見えない力」としています。（たぶっているものもあります）

●子どもの発達 3 原則

1　どの子も必ず発達する。（個人差がある）

2　発達には段階がある。（量的発達、質的発達）

3　教師や親の助力により発達が保障される。

●子どものやる気を起こさせる助言とは？

などの話題を提供する。

COLUMN 10
教師批判の父親と

もっとびしびし子どもをきたえろ

「子どもを甘やかすな。教師は子どもをぶんなぐってでも厳しく指導を」と言うお父さんと話をしたことがあります。

「学級の子どもの定数が多いから十分な指導ができない？クラスの子を20人にしようが15人にしようが、ダメな教師に受け持たれたらダメだ」と厳しい教師批判です。

暴力否定はしっかりと

「子どもは力では良くならない」

「否定的なところを叱らず、ほめて伸ばすのが効果的です」と体験を含めて話して、だんだんわかってもらえました。

「良い子を共に育てる」との思いで共感しあって

「良い教師に、良い条件で教えてもらうことができれば、いっそう良い」

「保護者のみなさんと教師が力を合わせて、良い子どもたちを育てるために…」

このような話し合いで、そのお父さんとも理解しあえることになりました。

指摘に答える責務

このお父さんの「ダメな教師に教えてもらえばやはりダメ」の思いや指摘にどう答えていくかは、私たちの責務と言えます。

行事に追われて、「行事をこなす」感じになってしまいます。

こんな対応をしていませんか？

●出来ばえを良くすることを優先する。
●効率的に子どもを動かそうとする。

「特訓主義」に陥らない

教師間の冗談で「展覧会の前は芸術大付属小、学芸会の前は俳優養成所になっちゃう。一難去ってまた一難…」といった言葉が交わされることがあります。最近は「授業時数の確保」が言われているので、一般の授業を大幅に削って取り組むことは少ないとは思いますが、それでも行事への「力のかけすぎ」はないでしょうか。

「行事をこなす」的な発想や「出来ばえを良くする」意識が先行すると、子どもたちを「動かす」「特訓的に仕込む」ようになりがちです。教師に「指示され」「動かされる」側の子どもたちは、本来の行事の目的と外れていきます。

こうしてみると……

子どもたちが行事を「やらせ」と感じないためにも、楽しい取り組みにすることが大切です。子どもたちが創り出す場面を考え（クラスの歌や創作群読などにふだんから慣れておく）、生き生きと参加させる行事にしていきましょう。

●行事は子どもたちの何を育てるのか●

行事への取り組みは確かに「手間ひまがかかる」ことには違いありませんが、「やらせ」になっては逆効果です。行事は楽しいのが一番ですが、その前に教師は「行事があるから」ではなく「この行事を通して何を育てるのか」をしっかり確認して取り組みましょう。

行事を通して子どもたちは「力を合わせること」「創り上げること」の喜びを学びます。行事は正に総合学習のひとつです。教師自身が行事の目標をつかんで、子どもたちをどう生かすか、成長させるかを考えましょう。

はいっ
もう1度

ぼくらは3組 元気だよ♪
力いっぱい がんばるぞ♪
みんなで つくる モニュメント

図工は苦手ですが展覧会に取り組む際のポイントは？

こんな対応をしていませんか？

●作品づくりに特別な時間を割く。
●作品の見ばえや、クラス間の作品の「優劣」が気になる。
●そのあまり、教師の特別な「指導」が入る（「描かせる」「つくらせる」指導になる）。

展覧会は教育課題の通り道

展覧会は結果ではなく、図工指導などの通り道の一課程です。展覧会を通して、子どもたちに「図工大好き」になってもらわなければ意味がありません。逆に「図工ぎらい」をつくらないよう最大の注意が必要です。「先生の手の入った作品」は、その子に一生いやな思い出として残る、最もしてはならない行為です。

こうしてみると……

子どもたちが作品づくりを通して「やったあ！」「うまくいった」という思いを感じられることが大切です。そのための指導法の研究も大切です。

●「力がついた」と思える取り組みに●

確かに「展覧会」は教師の指導下にありますが、それを子どもたちの創作として高めていく場です。子どもたちの作品が保護者も含め大いにほめられる機会にできるように取り組みましょう。作品づくりを通して子どもたちが「うまくかけた、つくれた」と、力がついたのを実感できることが大切です。

教師はたとえ「図工が苦手」であっても、「図工指導」について研究することはできます。民間の図工教育研究会にも学んで、教師自身の指導力量を高める努力も肝心です。

ほらほら
こんな色が
きれいよ
早く早く－！
もうあなた
だけよっ

みんなで合作も
なかなかの
大作になるぞー！
そこに
貼ってー！

学芸会でたくさんの子どもたちにどのように指導したら？

こんな対応をしていませんか？

●無理な演出をしてしまう。
●教師の思い通りに運ぼうとする。
●以前と同じ演目を繰り返す。

これも「行事主義」にならぬよう

学校によっては、１学年で100人もの子どもたちを20分～30分の劇に出演させ、ひとり1セリフなどの無理な「演出」になることがあります。演劇への教師たちの演出は、どうやら今も昔もワンパターンのようです。例えば「大きなお山が」というセリフでは、両手を広げるワンパターンの身ぶりを、教師自らが指導してしまいがちになります。「しかし現実は」という側面も確かにあるでしょうが、これでは劇を通して子どもの何を育てるのか、目的を失ったものになります。

こうしてみると……

展覧会・音楽会への取り組み同様、見ばえ主義にならないよう心がけましょう。本来、その学校や子どもたちに応じた「オリジナル」なものを教師自身が創作するのが好ましいのですが、実際には既製のものをアレンジして、という方法も致し方ないでしょう。

●わくわくした気持ちで取り組ませる●

「『大きなお山がありました』と、もしきみがみんなに言うなら、どんな格好でどのくらいの声で言うかな？」「今日の練習ではそのくらいでいいけど、本番ではその2倍か3倍くらいの声が出るとかっこいいよ」

展覧会以上に、学芸会での演出は子どもたちに「やらせられている」と受け取られることがありますので、注意しましょう。子どもたちは意外に良い発想を持っています。子どもたちがわくわくした気持ちで演劇や音楽に取り組めるようにしましょう。「叱りつつ、教師の思い通りに」は逆効果です。

ほらほら
もっと大きな
声で！
もしきみなら
どんなふうに
するかな？

授業以外の事務処理や報告文書などに忙殺されてしまいます。

こんな対応をしていませんか？

●たくさんの事務処理をつい「明日に」と溜めこんでいる。
●あれもこれもやらねばと気が散り、「ああ！もう一」と投げ出してしまう。

「すぐやること」と「大切なこと」

教師の仕事には確かに「○日までに提出」という類の文書処理が増えています。それでも、すぐやらなければいけない仕事に追われるあまり、最も大切な仕事が後回しにならないよう心がけねばならないのです。「大切なこと」とはまず授業への準備なのですが、当面のことのせいで後回しになっては困ります。

こうしてみると……

①今日の処理は今日のうちにする（テストの採点は溜めこまないように)。
②大事でないものに時間をかけすぎない。
③ファイルや仕分け箱などを活用して、資料探しに手間をとられない工夫をする。
④パソコン処理は必修。

●心と体をこわせば元も子もない●

大っぴらに「手抜き」をおすすめはできませんが、すべての事務処理を完璧にこなすことはできない以上、処理に軽重をつけて取り組むことも「要領」として必要になってきます。

教師が心と体をこわす事例が増えていると言われています。そのような事態は、子どもたちにとっても最も「非教育的」なことです。

93ページにも書きましたが、教師の三気（やる気・根気・のん気）のうち「のん気」は大切です。ものごとを楽天的に見る、良い方にとらえる精神も必要ではないでしょうか。

パニック〜〜!!
日記

てきぱき
「事務処理能力」を身につけるのも大変ですが…
整理ボックス（ひき出し）も活用

急に休まなければならない時、代替の先生に頼むのは？

こんな対応をしていませんか？

●代替の先生に負担をかけない「配慮」から、プリントなどのテスト問題を何枚もお願いする。
●読書や漢字書き取りばかりやらせる。

ハプニングに備える準備を

急に空き時間に他のクラスに行ったり、隣のクラスとかけもちになったりする場合もあるでしょう。そして急に代替に当てられた先生も大変だと思うこともあると思います。代替になる可能性もふくめ、「捕教用の手だて」を用意しておくことはお互い様ですから大事です。

こうしてみると……

子どもたちが自習的に取り組めるものを用意しておき、「私の後ろの棚にある“ハプニングプリント”を使ってください」と伝えるのも一策です。「草花ぬりえ」などをハプニングプリントとして用意するのもよいでしょう。

また私の経験では、力のある先生には「おまかせ」で急に頼んでも「OK！」でした。

参考までに、次ページに「シルエットパズル」を紹介します。どの学年にも使えます。ちなみに⑤の家型のシルエットは、次のように並べてできあがりです。

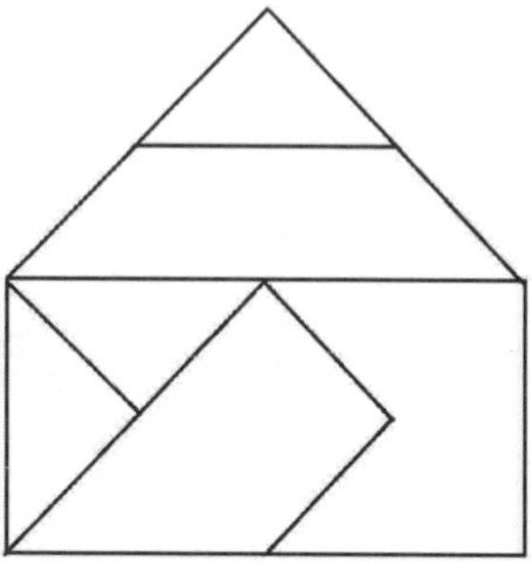

シルエット（かげ絵）パズル

※先生へ　　これを色画用紙に印刷するとすぐ使えます。

年　　組　　名前（　　　　　　　　　　　　　）

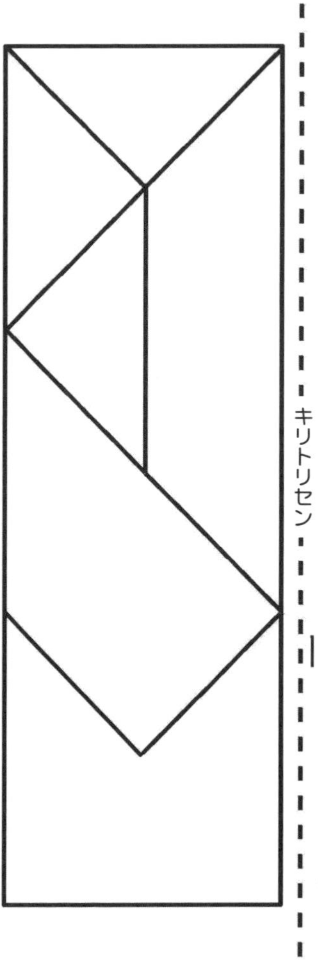

【つくり方】

① 左の絵の太いせんをはさみでていねいに切りとって

この6まいにします。

② この6まいをぜんぶつかって下のようなシルエット（かげ絵）のかたちをつくります。

（こんなふうに…⑧のこたえ）

答えをおしえるのはこれだけ

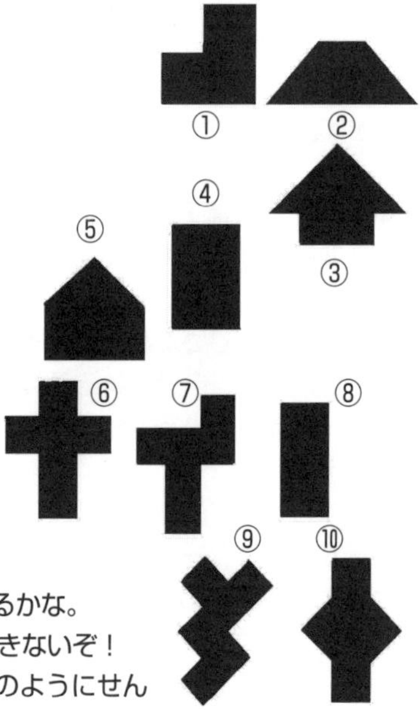

いくつできるかな？
右の10こ全部できた人は天才！
1つ10点として30分で何点とれるかな。
おとうさん、おかあさんだってできないぞ！
10こともできた人は⑧のこたえのようにせんをかいて先生にみせてね。

「子どもをつかむ」「心を通わせる」方策は？

こんな対応をしていませんか？

●子どもの関心を引こうと「面白い」ことを言おうとする。
●「指導的」な言葉で引っぱろうとする。

子どもは何を喜ぶのか

「どうも子どもたちのことが理解できない」「子どもに良い印象を持ってもらってないのでは」と悩む仲間もいるでしょう。かといって子どもたちに迎合するような方策はかえって逆効果になります。子どもは、教師がタレントのように面白いからだけで喜ぶのではありません。子どもなりに教師の「人となり」「人格」を認めて、安心するのが基本です。

こうしてみると……

「未熟な子どもたちを指導する、教える」という姿勢ではなく、共に学びつつ、共に成長していく姿勢を基本に置くべきでしょう。

「良い教師かどうかの判断基準は『その教師のまなざし』です」と保護者から言われたことがあります。子どもをどんなまなざしで見ているのか、これは教師の教育観・児童観にかかわります。そしていつも笑顔を忘れないこと。

●人柄・人格は「つくれる」ものではないけれど●

「教師の仕事は本当に大切だ」「自分は教師になってよかった」と思えるには、経験と勉強が必要です。人柄や人格はこうなろうと思ってつくれるものではありません。しかし、先輩や教育書、文学、自分自身の体験、失敗にも学びつつ常に成長しよう、学ぼうという過程の中でそれはつくられていくものだと思います。

「はじめに」に書いた「教育の樹」の葉っぱに当たる教育の手だて・ハウツーはもちろん大切です。これらをたくさん学びとって、日ごろの子どもたちとの「心の通い合い」「コミュニケーションづくり」に役立ててください。

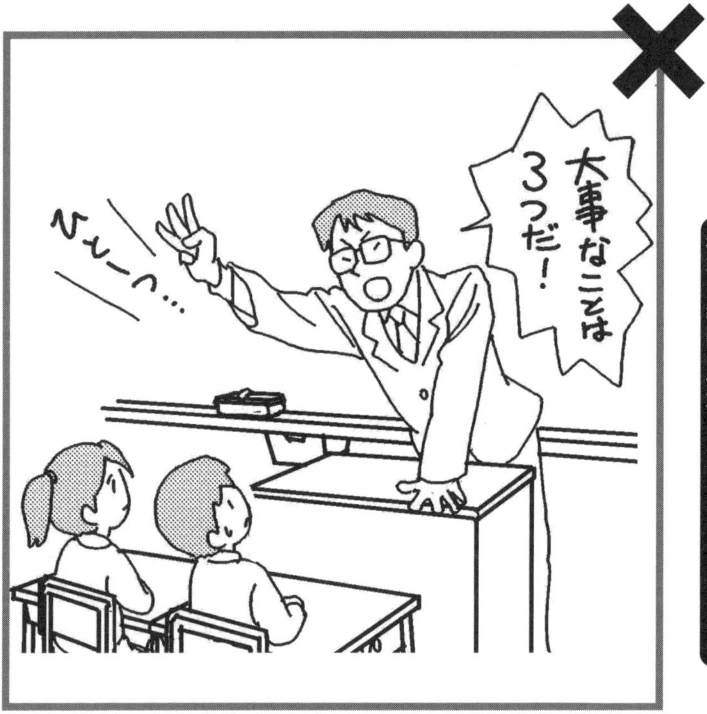
大事なことは3つだ！
ひそーっ…

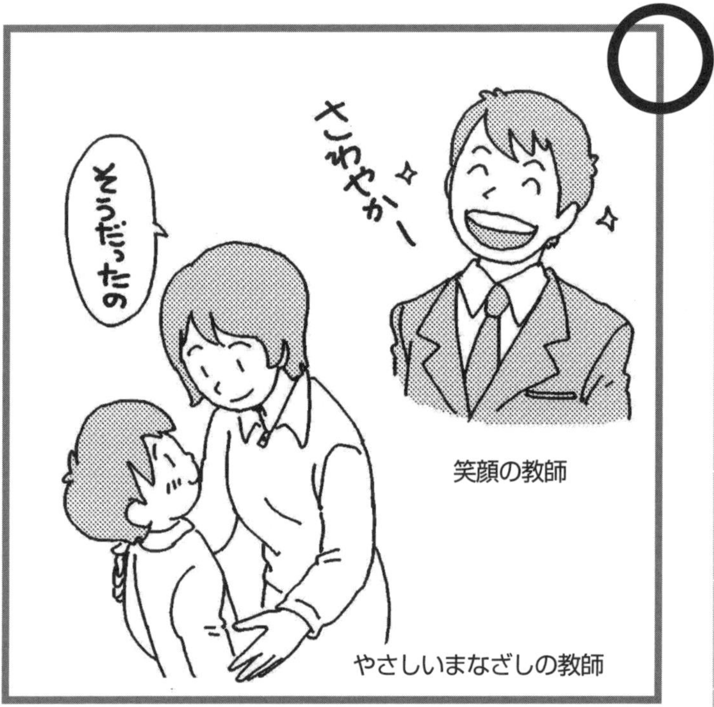
さわやか～
そうだったの

笑顔の教師

やさしいまなざしの教師

学級づくりの悩みに同僚や管理職の協力が期待できません。

こんな対応をしていませんか？

● 「どうしてうまくいかないのか？」「私って教師に向いてないのかしら」「能力がないのかしら」と、ひとりで悩みこんでいる。

ひとりで悩まない

困ったことを相談できる同僚や、友人を持ちましょう。自分の職場でなくても、同期の仲間や信頼できる先輩教師に思いきって相談しましょう。もちろん家族にも。

こうしてみると……

今うまくいかない事態を切り開くためには、民間の教育研究団体の成果に学ぶ──民教連（日本民間教育研究団体連絡会）に問い合わせる方法もあります（連絡先　03-3947-5126）。各教科、テーマ別研究会についての情報を提供してくれるはずです。

教職員組合でも、教育研究集会や学集会の機会をもっていますので参加してみましょう。

●いったん休むことも可●

教師生活は長いのです。体や心の変調を自覚したり指摘されたりしたら、思いきってしばらく休むことも可です。休暇制度はあります。

92ページの「体と心をこわさないために」も参考にしてください。

●どんな教師でいるのか●
ヘッドランプ教師かミラーボール教師か

教師が行事などに取り組む時、どうしても一方にだけ力が集中してしまいます。つまりヘッドランプのように前だけが照らされて他が見えなくなります。

一方ミラーボールは、球状面に何枚も鏡がついていて、自らは回りながら光を四方八方に反射します。

教師も、あらゆる子どもたちの放つ光を各々反射していくミラーボール教師を目指しましょう。

●克服したい石頭症と多忙症●

石頭症とは文字通り「いしあたま」――つまり上記のヘッドランプ教師のように、思いこんだらそればかりといった一方的思考に落ちこんだり、他の方法を排除したりする傾向を克服することです。

多忙症も同様、忙しすぎると広い思考、深い配慮などが弱くなります。子どもたちへもつい余裕のない接し方をするようになりがちなので、要注意です。

「急がばまわれ」の言葉の通り、忙しい時ほどちょっと思考を他に向けたり、映画や音楽などでリラックスする時間を持ちましょう。

COLUMN 11 創作劇や作品に取り組む

難しいことではなく

演劇の脚本づくりや作曲などは、私たちは専門家でないので、難しいことを考えずに取り組むことをおすすめします。

既製の作品を大胆に変えて

例えば私は、斉藤隆介さんの絵本『花さき山』（岩崎書店）を、私の住む地の山にちなんで「花さき高尾山」としてつくってみました（養護学級の学園祭での作品をアレンジして）。子どもたちが良いことをすると山に花が次々と咲くというテーマですが、地域の民話など既成の作品をヒントにアレンジしてみるのも面白いものです。

作曲も気軽に簡単に

歌詞は、子どもたちの作品でも、自分で書いたものでも、それを「ラララ…」「ルールルル」と口ずさんで曲のイメージをつくります。できれば録音したり、直接音楽の得意な仲間に採譜してもらったりして楽譜にするというわけです。意外と簡単です。試してみてください。

COLUMN 12
子どもたちは不思議大好き——マジックの例

ティッシュを1000円札に！

①あらかじめ1000円札は8つに折って、左手の中央にかくし持ちます。
②右手でティッシュ1枚を1000円札のわきに押しこみ、
③「あれっ！1000円札に変身！」と取り出します。（取り替えるだけ。ティッシュは握ってかくします）

かんたんユーモアマジック——魔法のふろしき

①「はーい、この魔法のふろしきをさっと広げます」
②「あれ！　何かあるぞ!!」
③「スリッパだ！」
はいていたスリッパを脱いで後ろに下がるだけ。
※スリッパを使用して不自然でないところでやります。

COLUMN 13
まちがい・失敗に励ましで対処する

「大樹君のこの考え、すばらしいなあ！　答はちがっていても、なーるほど、ここだね。みなさんもこのつまずきに気をつけてね。大樹君のおかげで、クラスのみんながこれからこのまちがいに注意するようになるよね」

「はーい、この『教室はまちがうところだ』の詩を、もう一度読んでみよう!」

6年生にはこんな題材も

過則勿憚改

過（あやま）ちては則（すなわ）ち改（あらた）むるに憚（はば）かること勿（なか）れ

これは孔子という中国の人が2500年もの大昔に言った言葉で、『論語』という本になっています。

COLUMN 14
気分転換法あれこれ

あなたの一番のリラックスタイムは？

あまり24時間「教師、教師」でいる必要はないのです。あなたが「これが私の至福の時」と思えるような場面や時間は、どんなこと・どんな時でしょうか。

私は、合唱サークルに入ったり、マジック同好会や絵を描くなどの楽しいひと時が好きでした。あなたにとっての趣味の領域を持ってください。

頭を柔軟にする場を

平日は学校で時間がとれないのですから、「えーい、行っちゃえ！」とばかり、土日などの連休に家で仕事はせずに近くの温泉などへ小旅行に行くのもおすすめです。季節の風景をゆっくり見たり、おいしい食べものや若干のお酒を楽しんだりすることは、教師としての人間的幅を広げるのに役立つと思います。

何より仲間と語ることを！

そして一番大事なことは、仲間と語り、悩みも喜びも共有して、励まし合い、次の活力を得ることです。それは、話す相手にとっても有効なことです。

「迷惑をかける」などとは考えず相談をもちかけましょう。もちろん私（筆者）へ便りや、FAXをくださっても結構ですよ。

学級づくりの基本的アドバイス
「おわりに」にかえて

学級づくりに特効薬は？

　この本でさまざまな状況に対する対処法を知っていただいたからといって、即、学級づくりがうまくいくというものではないでしょう。
　学級づくりの基本的な対処法は、あれこれの方法やノウハウにあるのでなく、かんじんな要は「子どもたちに対する愛情と信頼」です。それは教師という仕事に対する「私たちの構え」ともいうべき、「教育の樹」（8ページ）で示した幹に当たるものです。

はきだめに
えんど豆咲き
泥池から
蓮《はす》の花が育つ
人皆に
美しき種子《たね》あり
明日、何が咲くか

詩集『ひとりのために』（善本社）より

　これは安積得也《あずみとくや》という詩人の「明日」と題する詩です。
　この短い詩の中には、子どもたちのひとりひとり違った花のそれぞれの種子をその子に合った方法で芽吹かせ

て、それぞれの花を咲かせてあげよう――こういう子どもたちへの思いがあります。
「愛という字は何と書く」（9ページ）と同様、子どもたちに対するやさしい教師本来の思想があるわけです。

ノウハウの前提にあるものを大切に

もちろん、対処を誤ってしまっては、うまくいくはずの学級づくりをまずくしてしまって、遂には学級全体に教師の制御がきかない「学級崩壊」状態を招いてしまうかもしれません。
「保護者と共に」の章にも書きました通り、親との信頼関係は、担任することになった最初の日から、日常の「学級だより」や保護者会、家庭訪問、電話連絡などを通して大切です。

トラブルにすぐ対処する

とりわけ子どものケンカ、学校での怪我（かすり傷程度でも）などには、すぐの対処が必要です。電話をその日のうちにかける、連絡帳に記入するなどを、日をおいてしまわないように心がけてください。
ふだんの欠席にも、できれば電話で「どうしましたか？」の声をかけます。少なくとも2日連続して休んだら、その原因を連絡帳などで知っていても、電話をかけたり、お見舞いカードを連絡帳の返事とともに近くの子に持たせたりすると有効です（近くなら帰り道に寄ればベストです）。お見舞いカードは色画用紙などでつくっておき、短いメッセージを添えます。

「びょう気なんてへのカッパ」カード
口の部分に切りこみを入れ、
開くと口がパクパクする

コミュニケーションの絆を常に

子どもと親とのコミュニケーションがとれていれば、トラブルが生じた場合も変にこじれないで収めることに有効です。道で親と出会った時や、単親で苦労をしている親には「お母さんも大変ですね。でもお互い頑張りましょうね。○○くん、学級でも元気にしっかり勉強してますよ」などと、明るく声をかけるように心がけましょう。

大事なこと

子どもたちの状況は多様です。ですから「この手でうまくいく」というものはありません。本書で示したのは一例です。

兄弟姉妹の有無、親は共働きか、片親の場合祖父母と同居か近くにいるか遠くにいるか、クラスは単級か何学年か……

この状況下にいる子どもたちにはさまざまな違いがあります。

“99人の子に最善のことひとりの子に最悪のことあり　99人の子に最悪のことひとりの子に最善のことあり”

これがどんな事柄なのかは、あなた自身の頭で、さまざまな状況下にいる子どもたちの親を思い浮かべて「どうしたらいいか」を考えてください。

かんじんなことは、教師自身の頭で考えることであり、ノウハウに頼っては失敗する場合があるということを前提に、困難に見える子どもたちの多様なケースに対応していくことなのです。

そして何より「はじめに」に書いた、子どもたちをどう見るかという教師自身の座標軸を確立していく努力を日常不断に継続することが大切です。

「教師このよき仕事」と思えるように

近年、教師の仕事も大変さを増しています。子どもと放課後いっしょに遊んだりする時間の余裕も、「体力」や「気力」もなくなるほどの事態もあります。

しかし、教育という仕事は子どもたちの発達と成長に責任を持ち、未来をつくっていく仕事です。

“教育とは永遠に未来を語ること　新任校の香り立つ窓”

という短歌を新聞の文芸欄に発見して、とても爽やかな勇気をもらったように感じました。赴任した学校の教室の窓辺に立つすてきな瞳を持った先生を思い浮かべました。

体と心をこわさないために

最近、教師の仕事が厳しくなっている中で、体や心に変調をきたす人が増えています。「何となく気が重い」「やる気が弱まってきたようだ」「よく眠れない感じがする」と、小さな兆候から深刻なものまで、多くの教師が悩みを抱えているのです。

そうした状況を感じたら、

①自分が疲れていることを認め、休息する。
②「ねばならない」「私がいなければ」といった考えをいったん脇に置く。
③完璧主義はやめて「60点合格」と思う。
④休日は自分の心も体も変身させ、チャンネルを切り替える。「遊び心」や「気分転換」で、ふだんと違う自分を見つける。
⑤「仕事がすべてではない」と価値観を変えてリラックスする。
⑥悩み解消のためといってアルコールに頼ってはダメ。
⑦「愚痴る」「弱音をはく」は恥ではないと思う。
⑧「明けない夜はない」「明日は明日の風が吹く」と楽観的に考える。
⑨家族・友人・医師の忠告を聞いてみる。カウンセリングを受けてみる。

教師の三気「やる気」「根気」「のん気」で

私が新任の時、先輩から「教師の三気」というのは「やる気、根気、のん気」と教わりました。とりわけ「のん気」は大切なものと思います。教師が心と体をこわしてしまえば、元も子もないの言葉通り、教え子たちにマイナスの影響を多大に与えてしまいます。

教育以外の幅広い文化的なものにも接し、趣味も多忙をやりくりして持って楽しみ、何より仲間と協力しあう関係を保って、自分個人としてもより良い友、家族と共に教師という仕事に取り組んでいこうではありませんか。

みなさんの日々のご奮闘をお祈りし、応援を惜しみません。

お問い合わせ、ご相談も歓迎します。

042-661-3905 奥田のFAXまでどうぞ。

編著者紹介
●
奥田靖二（おくだ　やすじ）
元東京都八王子市立寺田小学校教諭
子どもの文化研究所所員　新しい絵の会会員
著書
『みんなで遊ぼう12ヵ月　全校・学年集会ランド』
『新任教師ファーストブック　はじめての仕事と心得』
『[ボリュームアップ版]手品＆マジック　ワンダーランド』
『まるごと小学校学級担任BOOK』1年生〜6年生（全6冊）
『小学校1年生　学習と生活の基礎・基本』
『学級担任のための遊びの便利帳』
『つまずき解消！クイック絵画上達法』（以上、いかだ社）
『学校イベント遊び・ゲーム集』全3巻（教育画劇）など

イラスト●今井亜美　上田泰子　桜木恵美　種田瑞子
ブックデザイン●渡辺美知子デザイン室

つまずき解消！
学級づくり上達法

2008年3月12日第1刷発行

編著者●奥田靖二©
発行人●新沼光太郎
発行所●株式会社いかだ社
〒102-0072　東京都千代田区飯田橋2-4-10　加島ビル
Tel03-3234-5365　Fax03-3234-5308
振替・00130-2-572993
印刷・製本　株式会社ミツワ

乱丁・落丁の場合はお取り換えいたします。
ISBN978-4-87051-224-5